KB032696

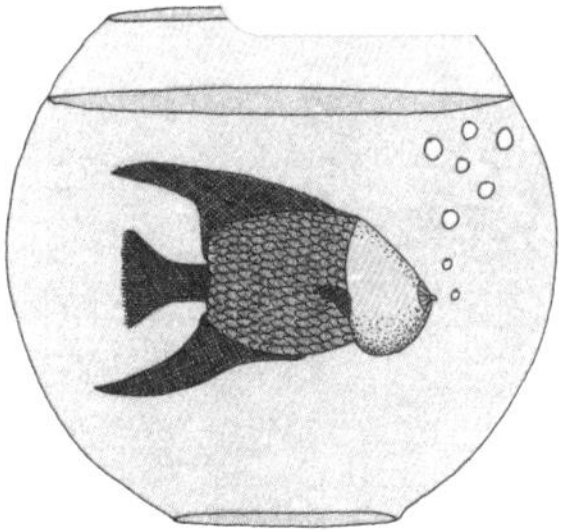

les coquins

어떤 장난 (원제 : les coquins)

1판 1쇄 2018년 2월 14일
지 은 이 마리옹 파욜
발 행 인 주정관
발 행 처 북스토리(주)
주　　소 경기도 부천시 길주로 1 한국만화영상진흥원 311호
대표전화 032-325-5281
팩시밀리 032-323-5283
출판등록 1999년 8월 18일 (제22-1610호)
홈페이지 www.ebookstory.co.kr
이 메 일 bookstory@naver.com
ISBN 979-11-5564-158-3 00650

※잘못된 책은 바꾸어드립니다.

어떤 장난

마리옹 파욜

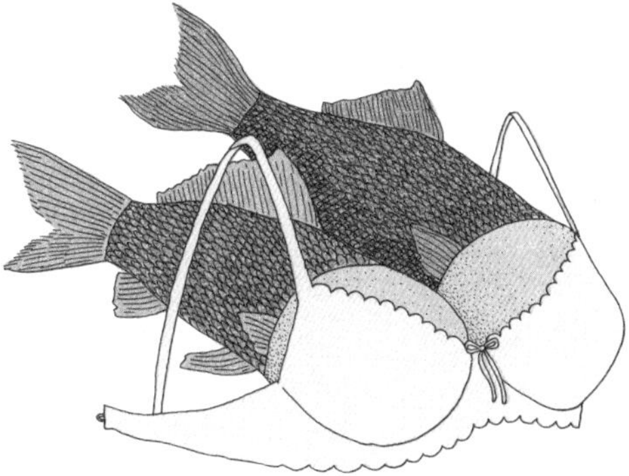

북스토리

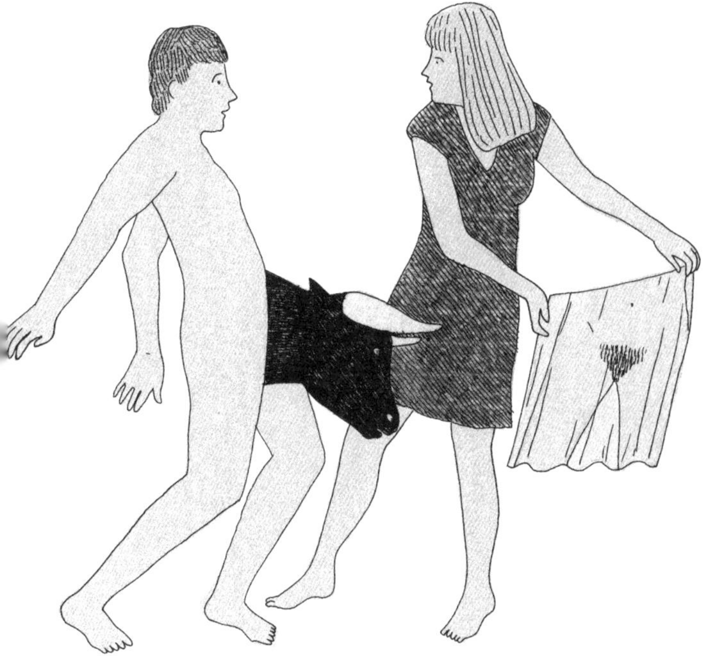

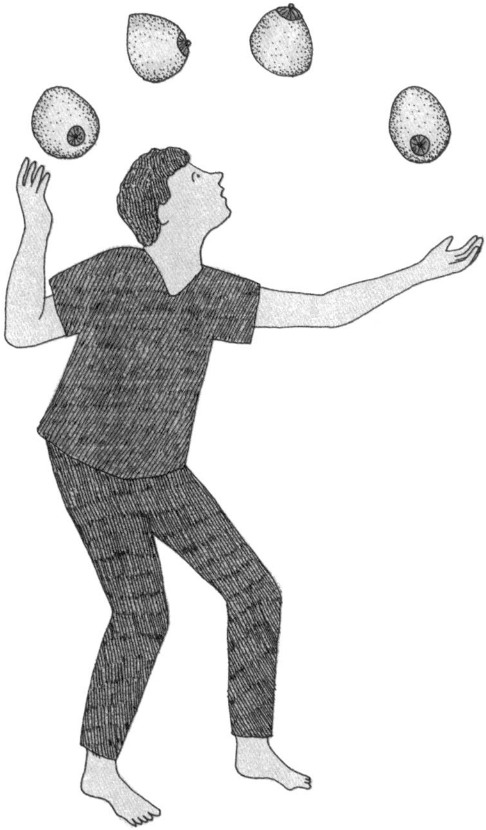

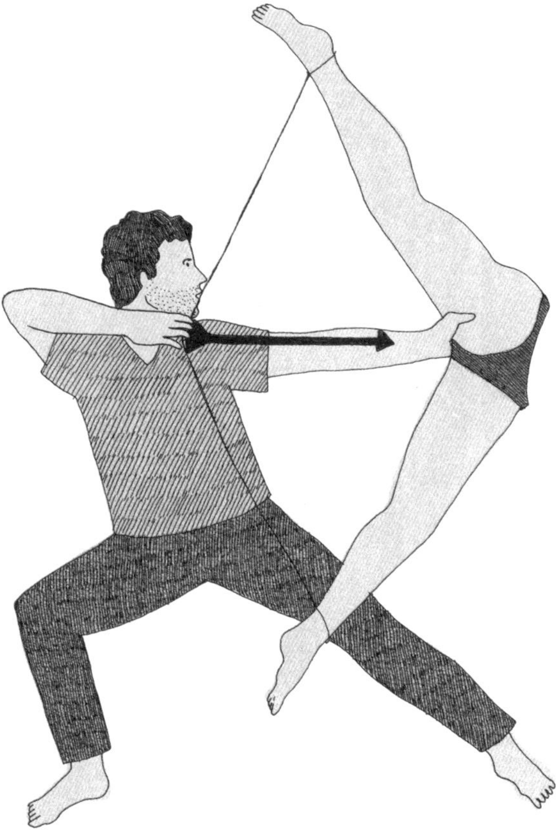

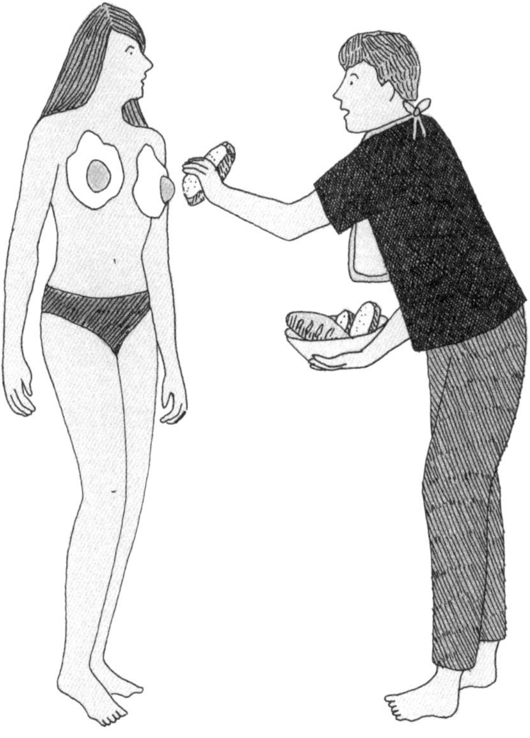

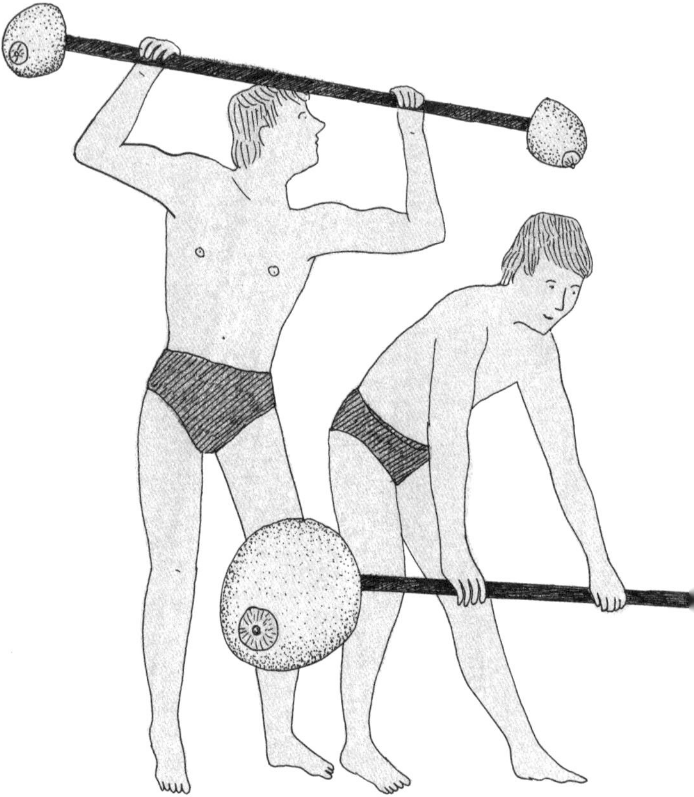

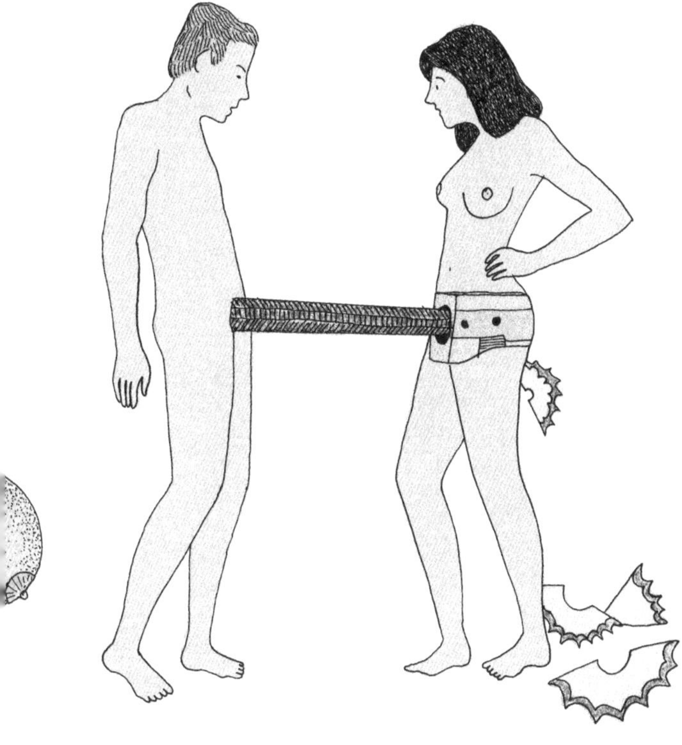

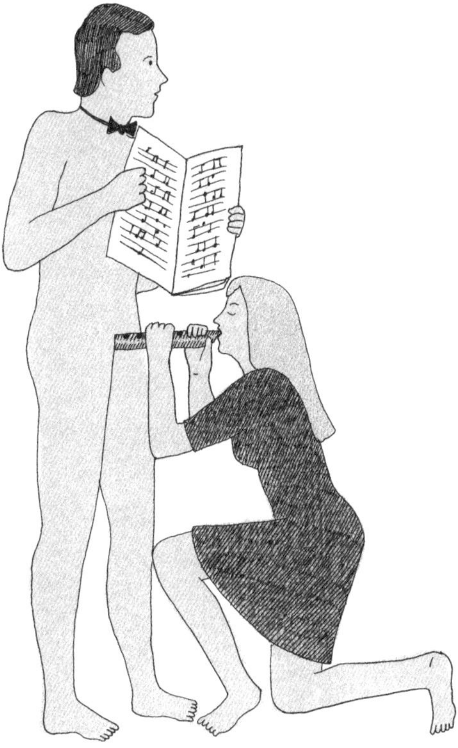

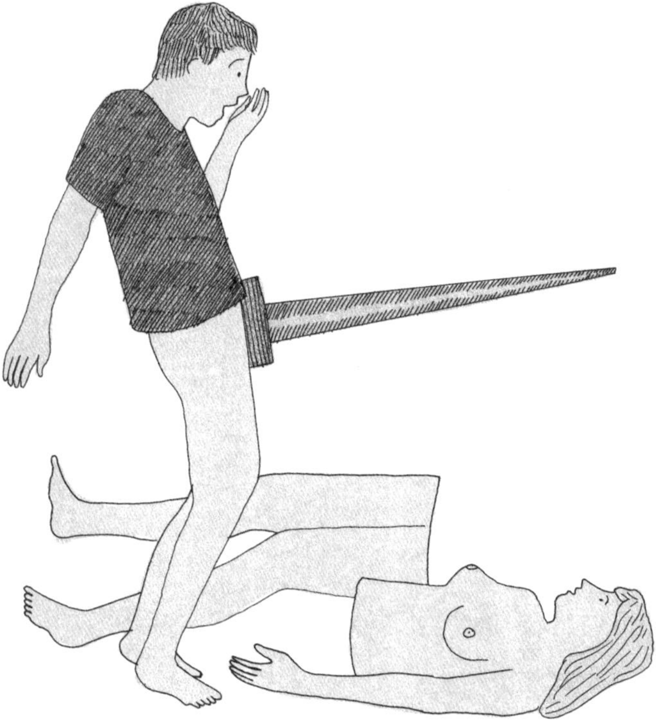

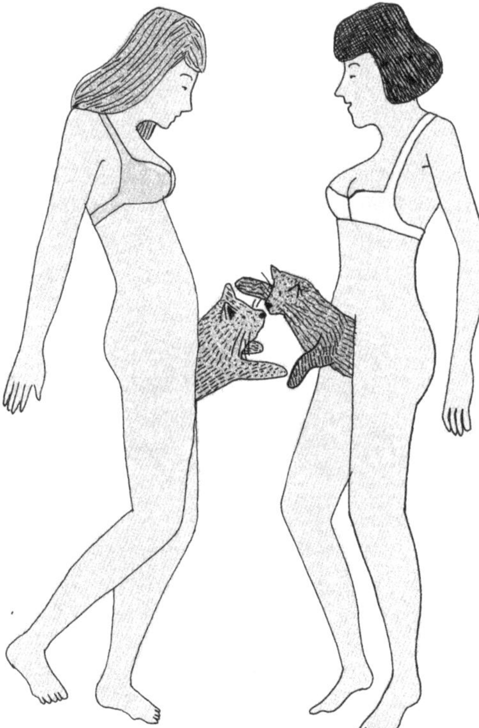

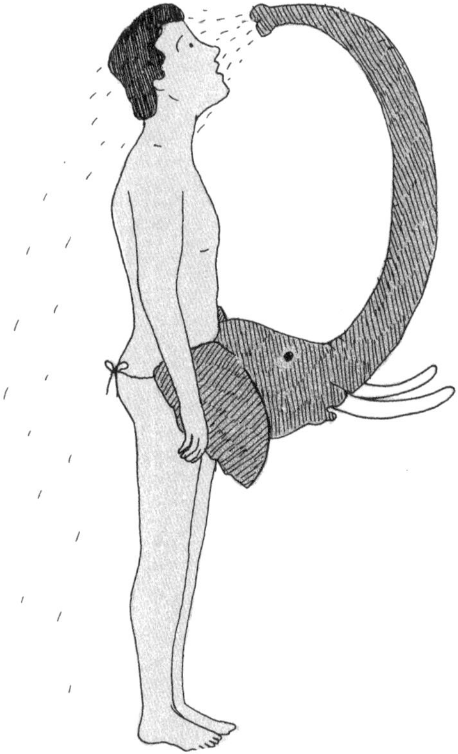

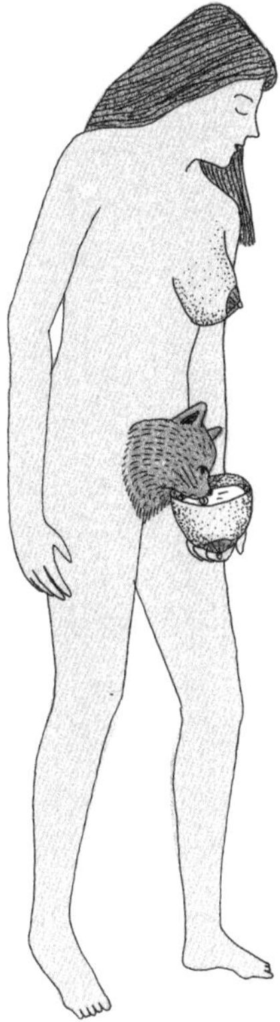

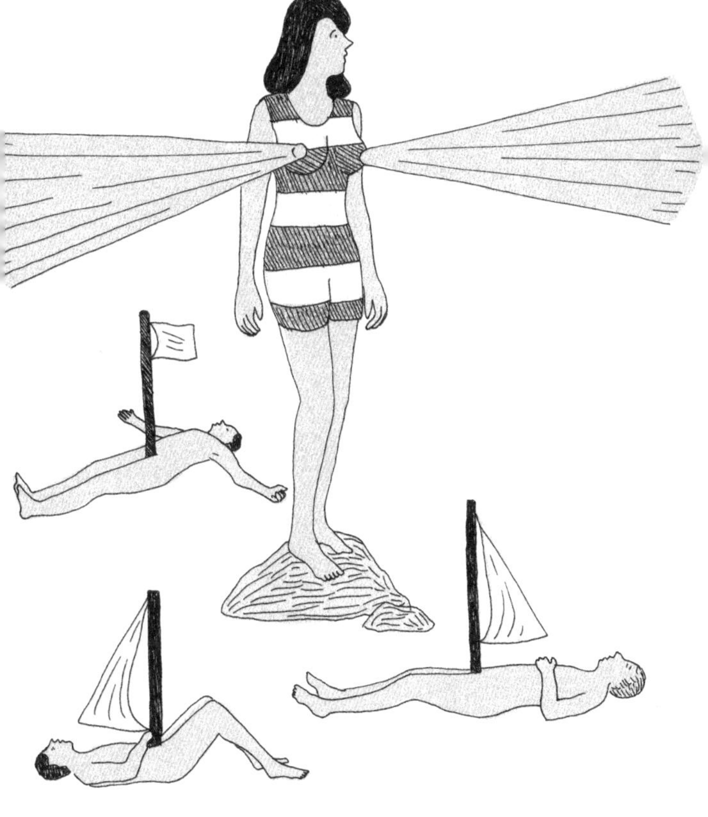

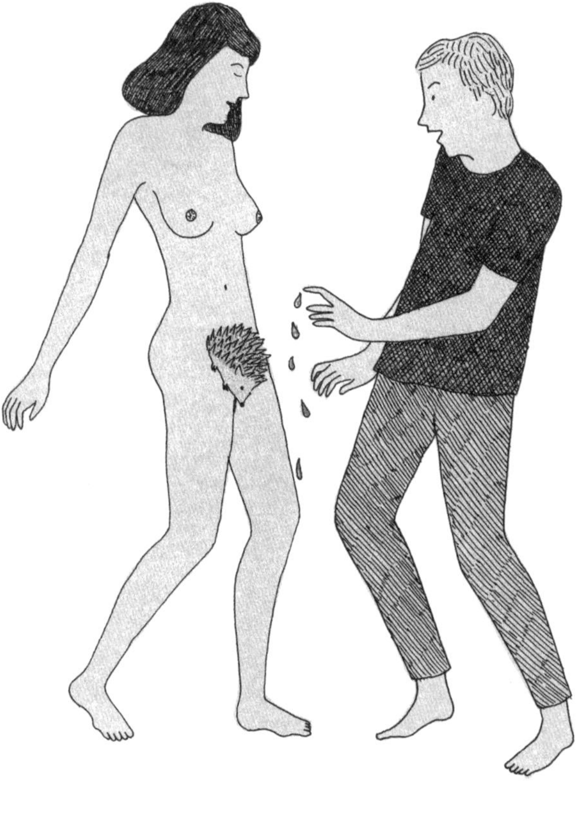

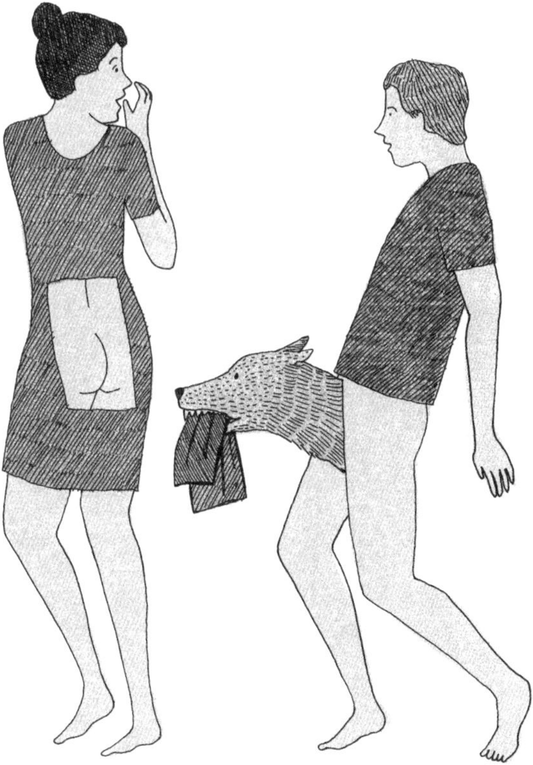

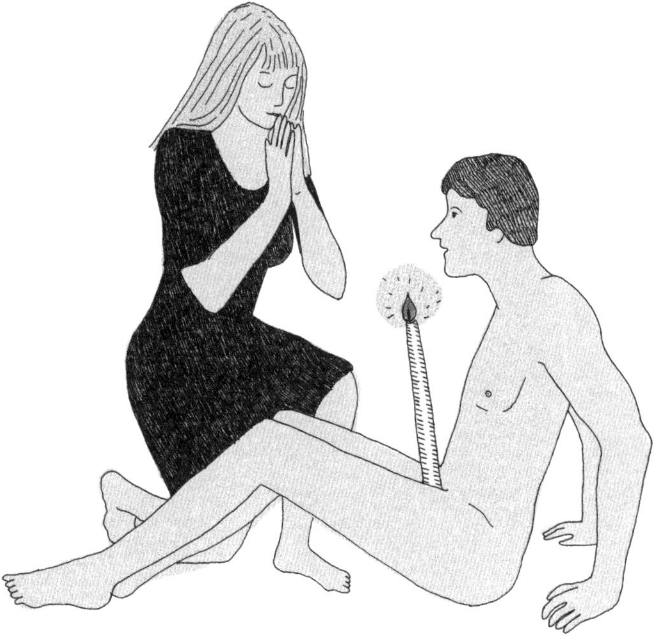

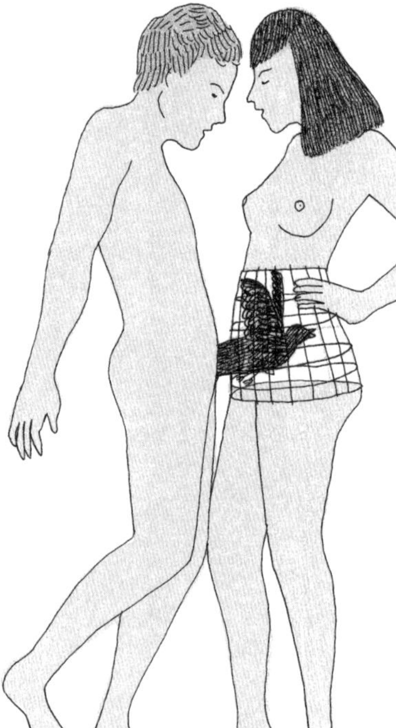

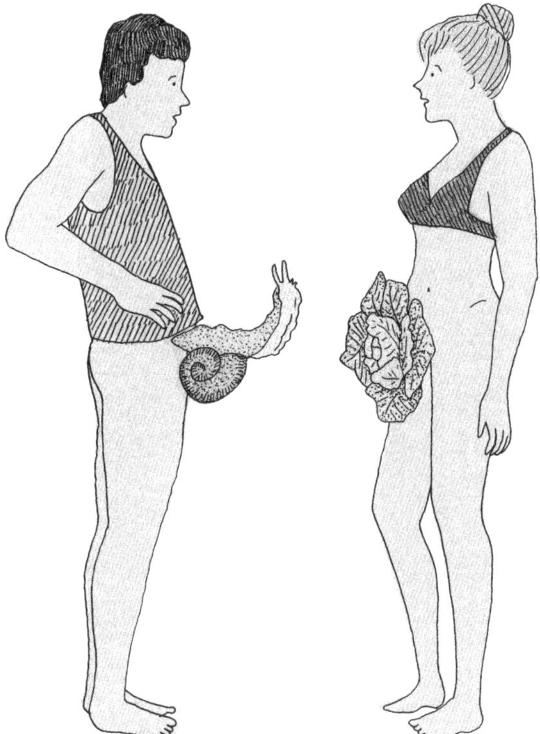

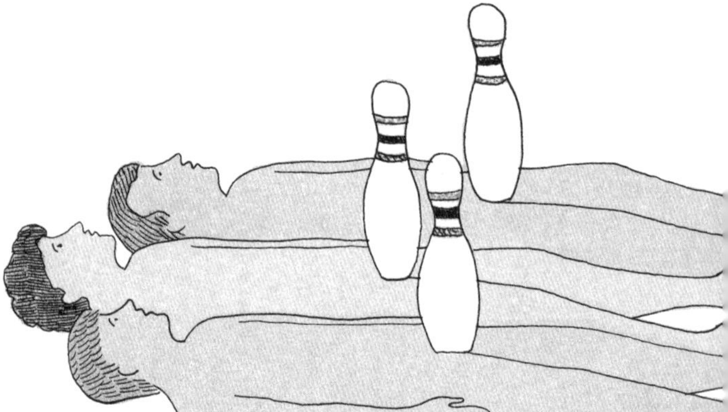

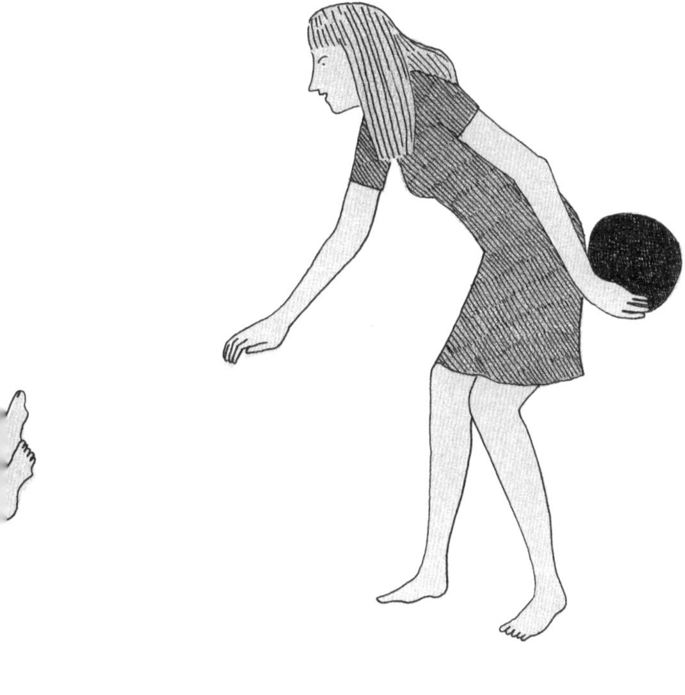

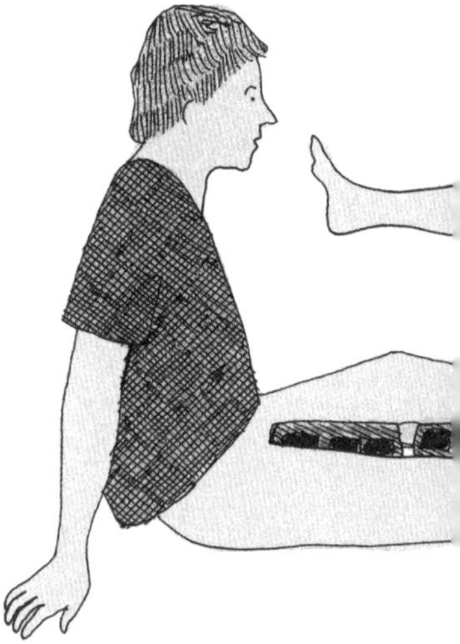

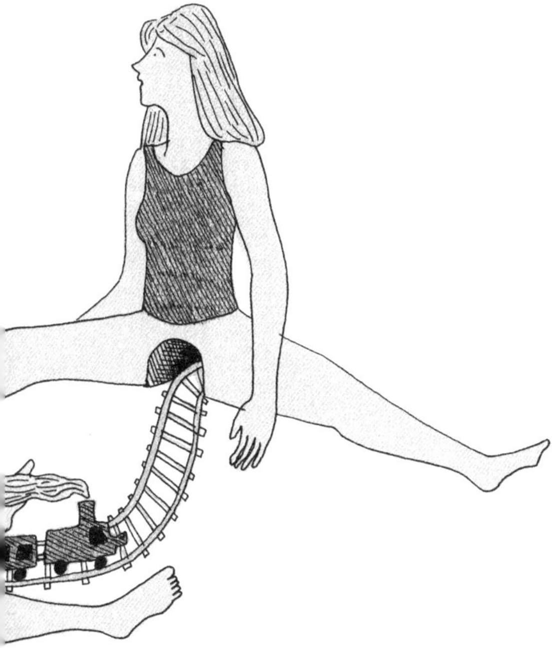

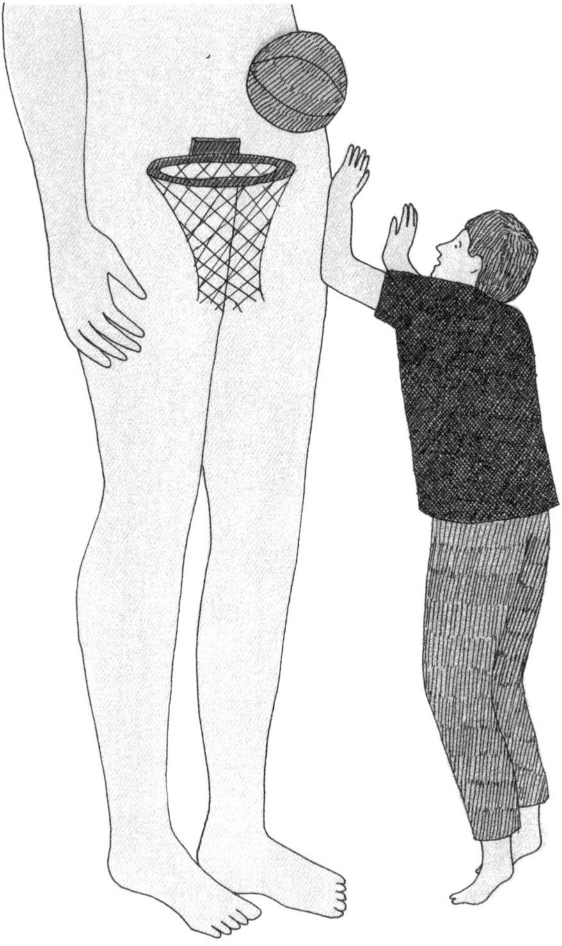

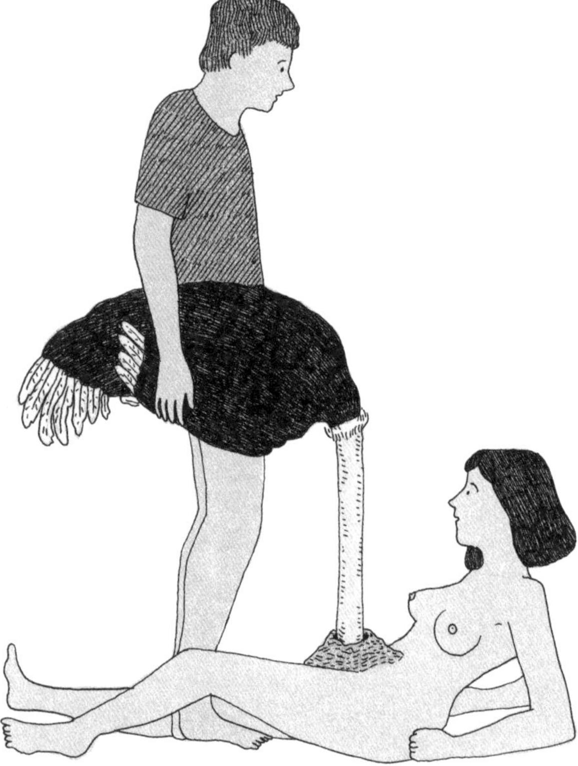

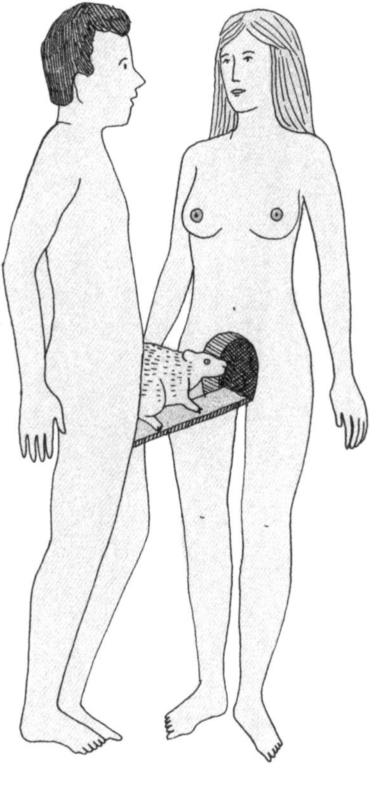

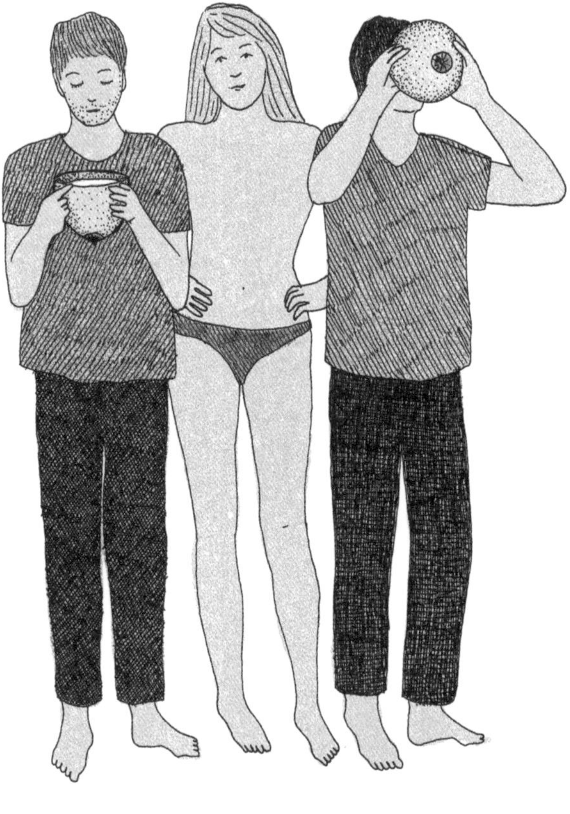

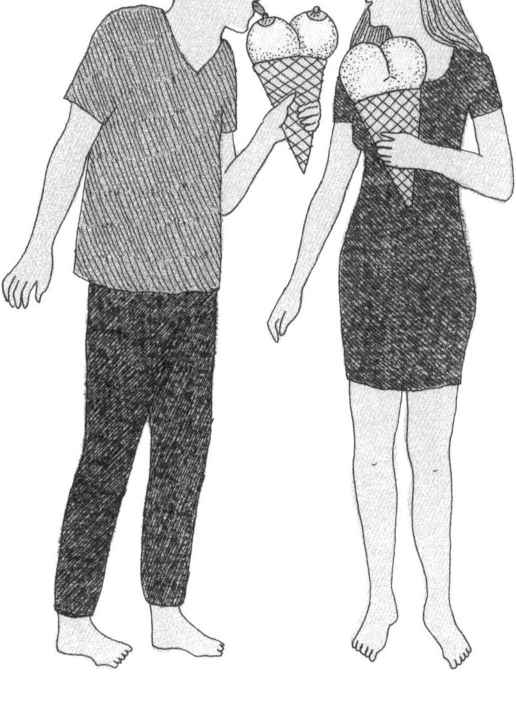

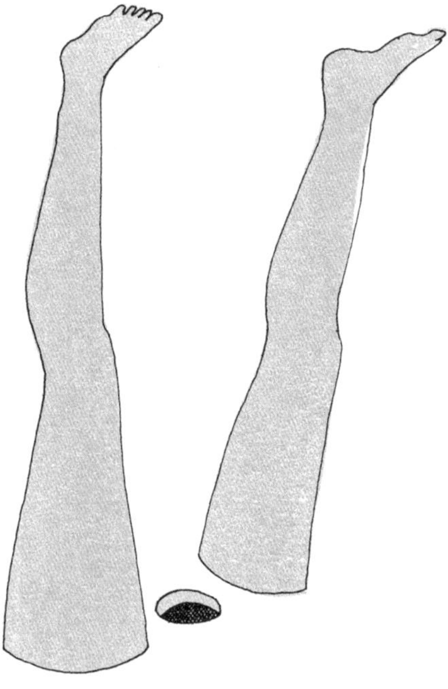

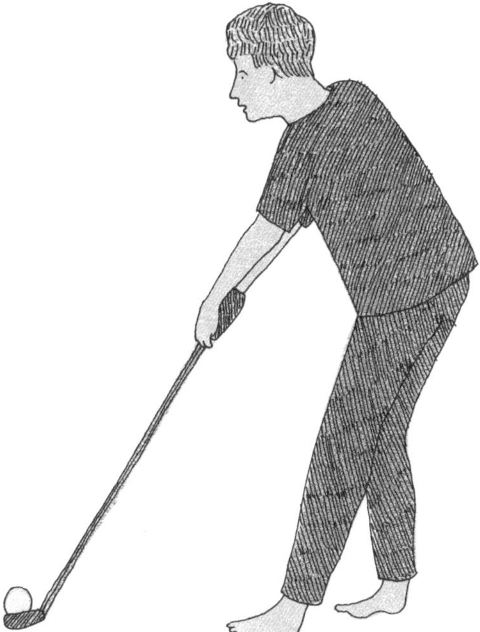

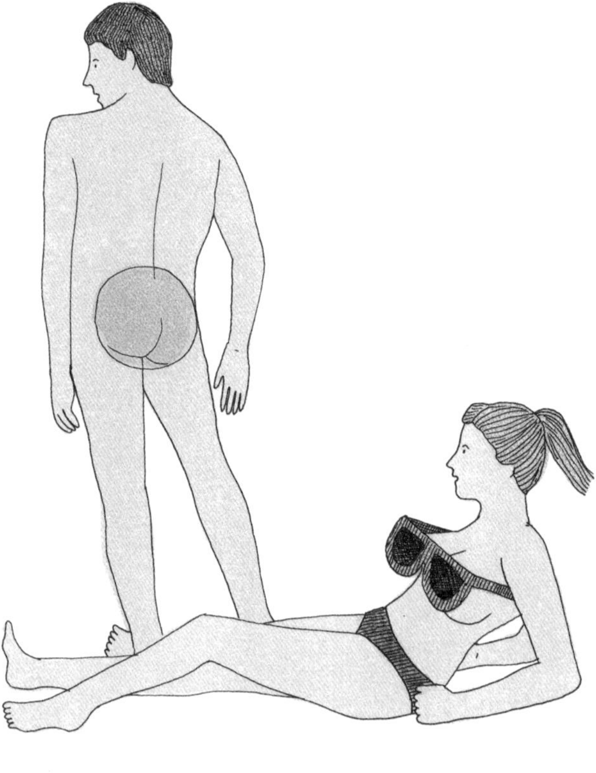

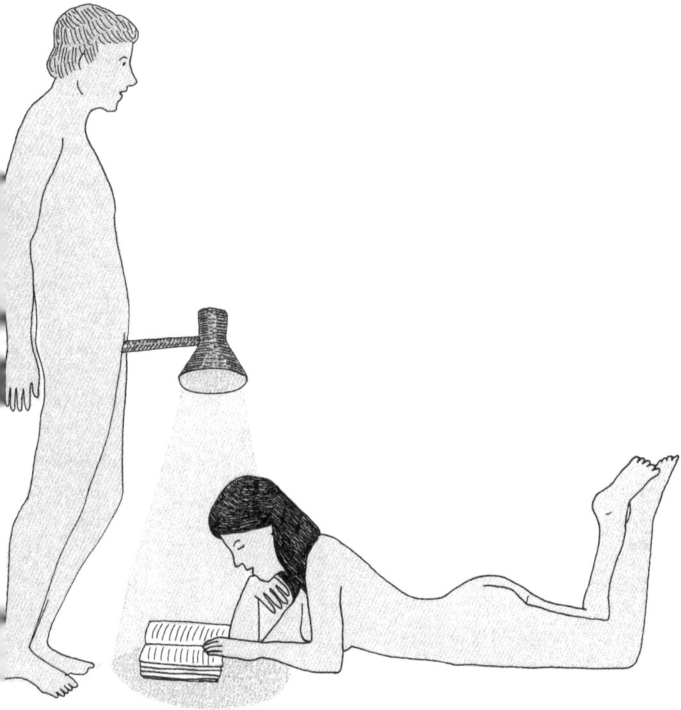

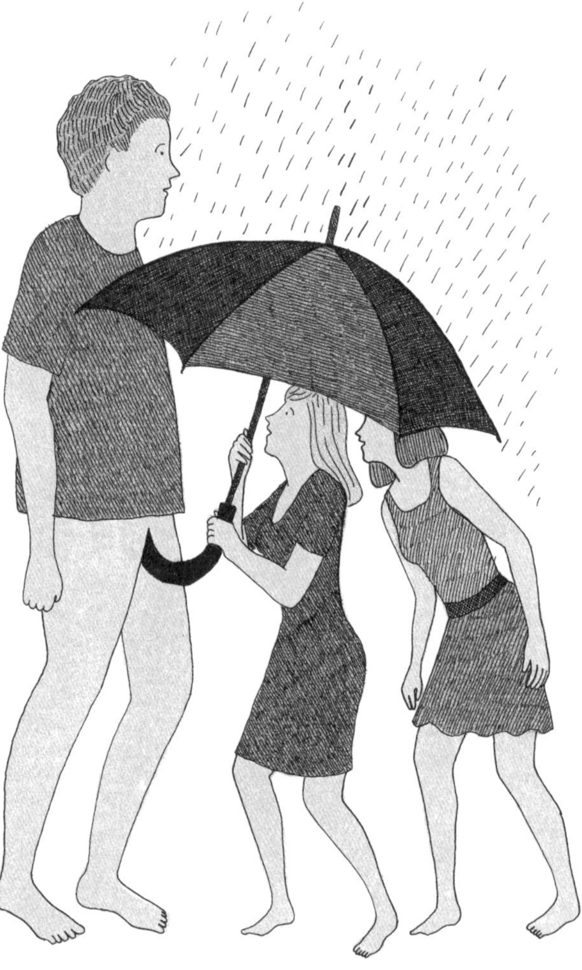

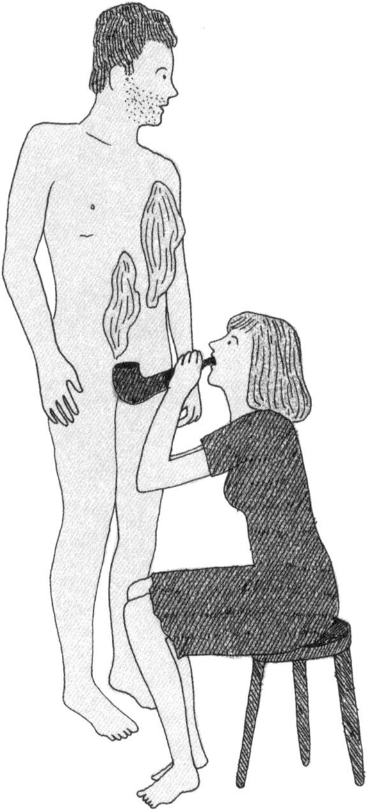

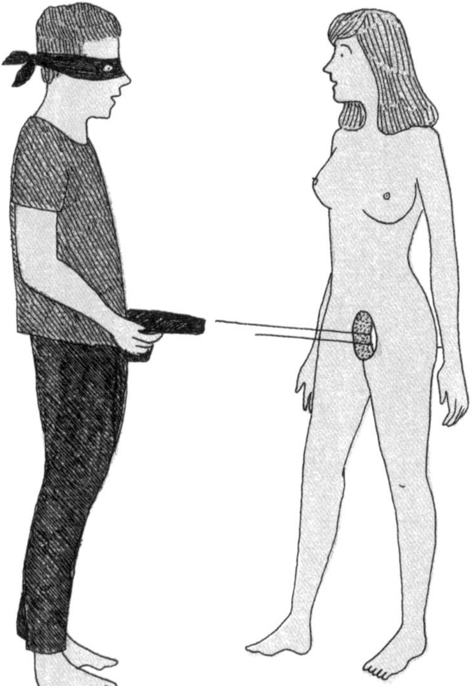

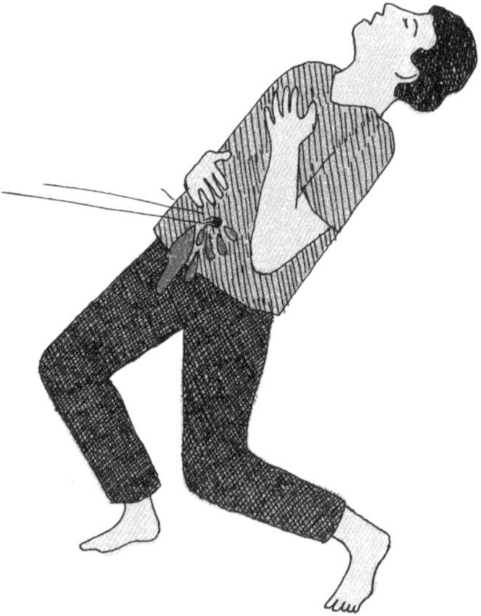

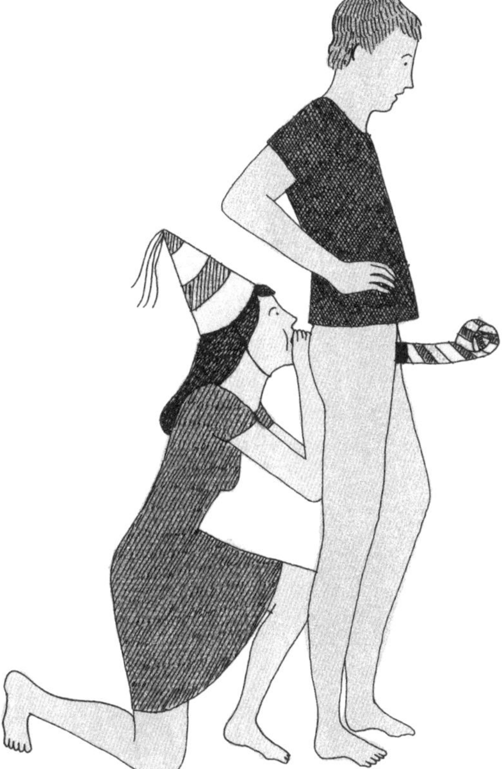

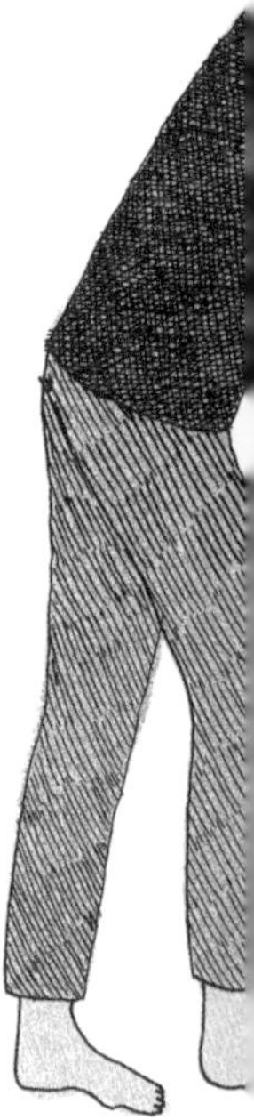

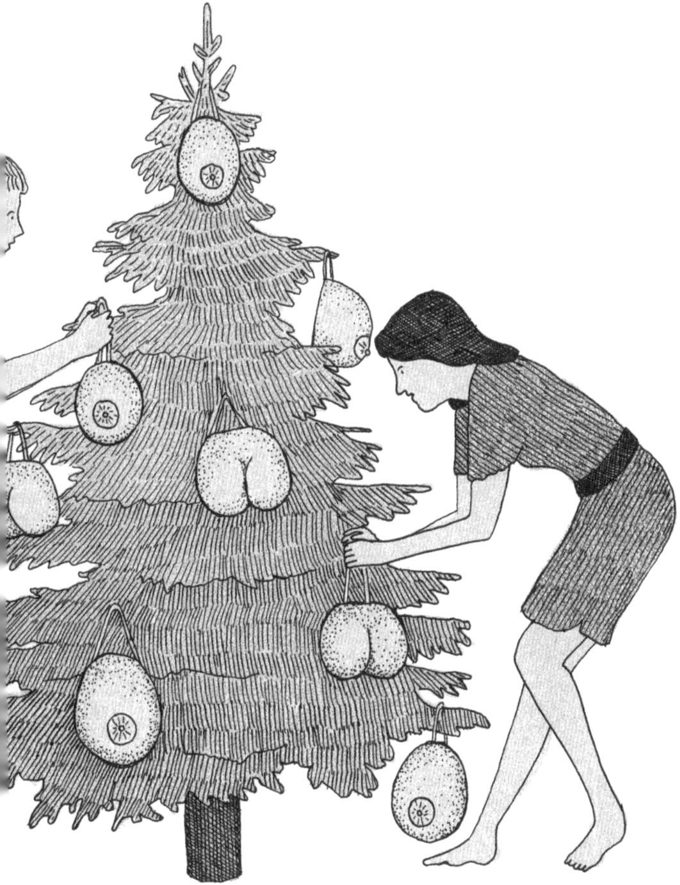

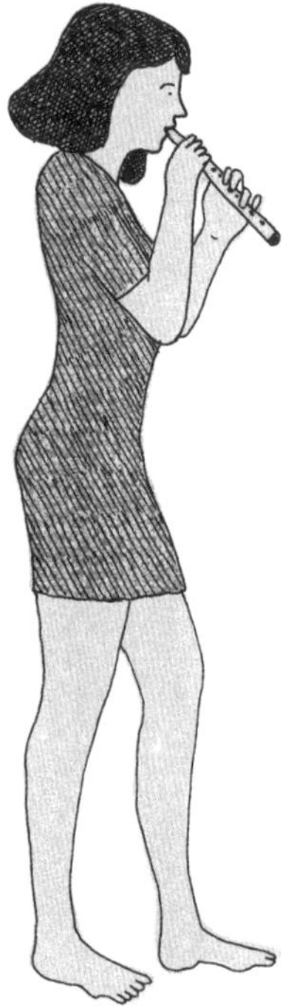

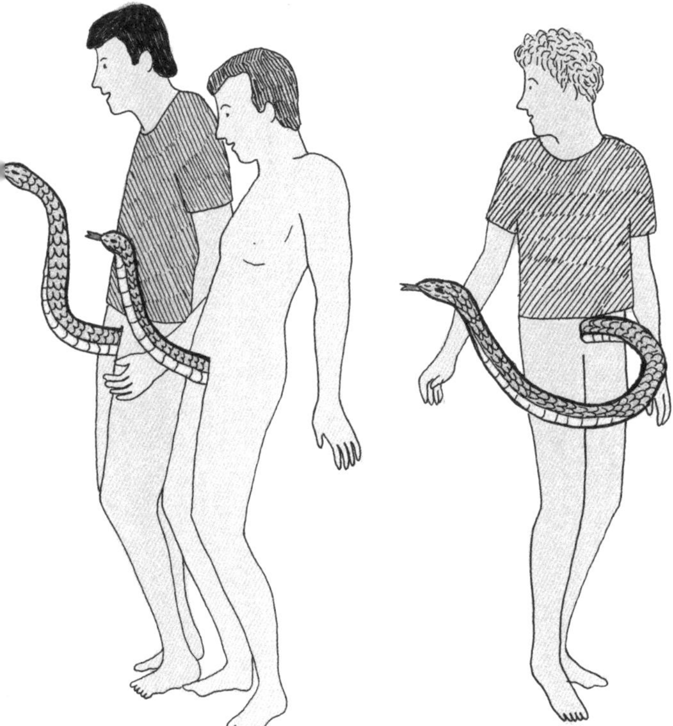

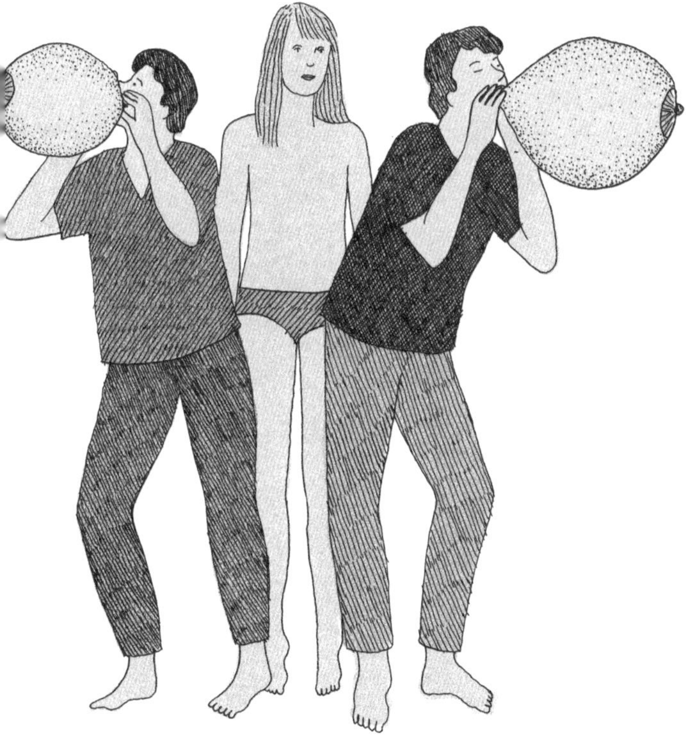

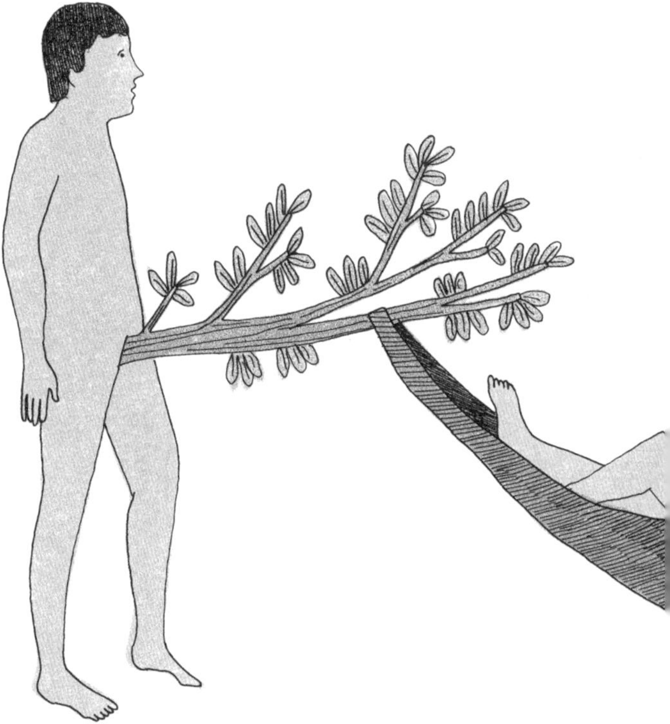

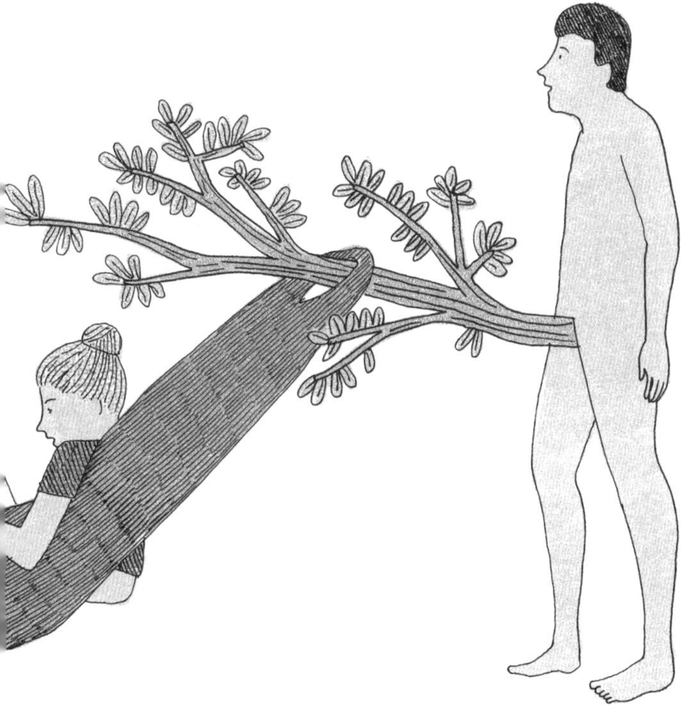

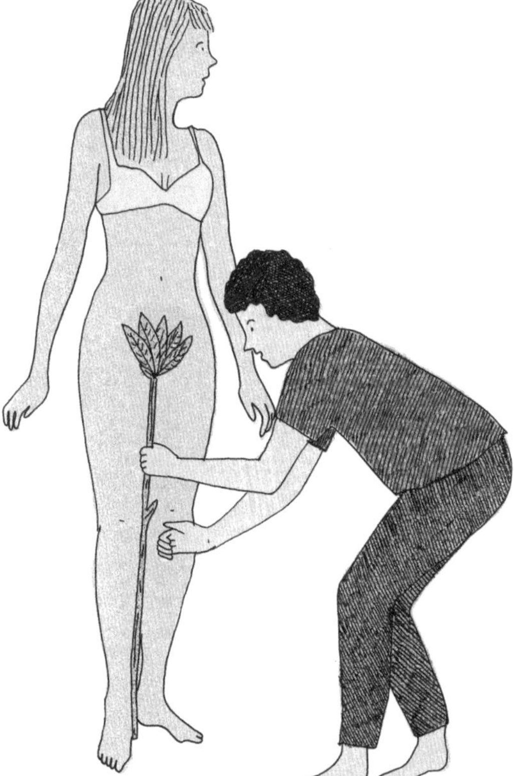

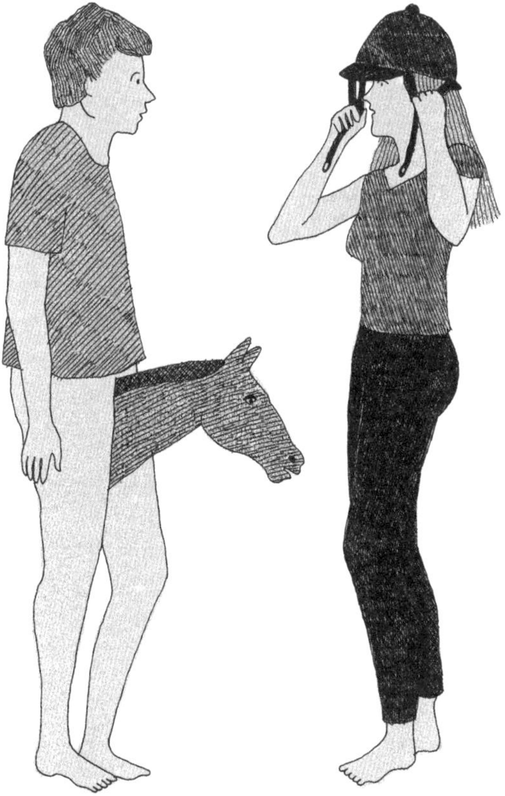

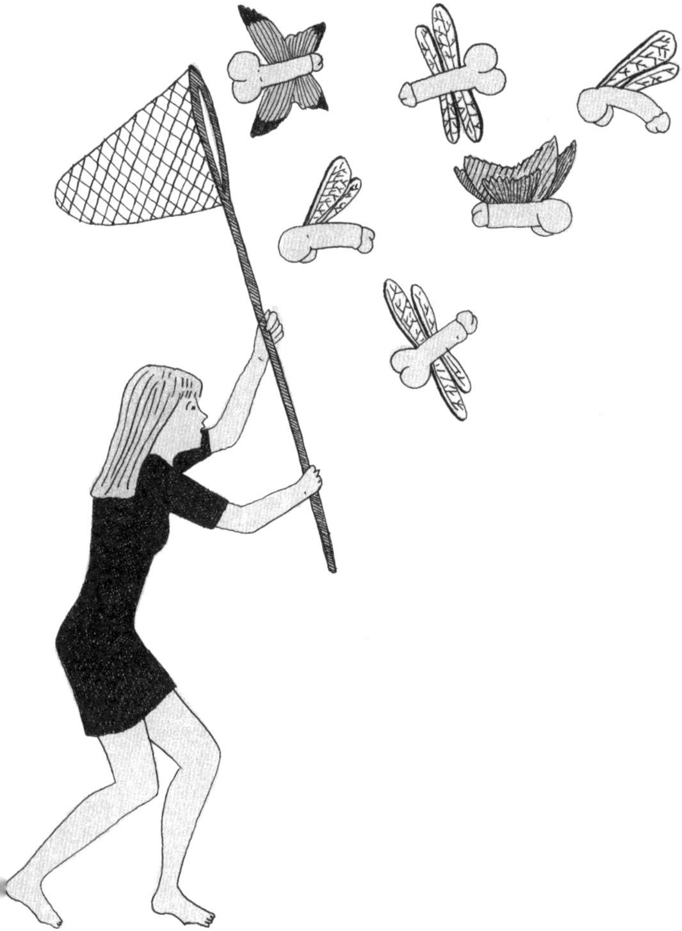

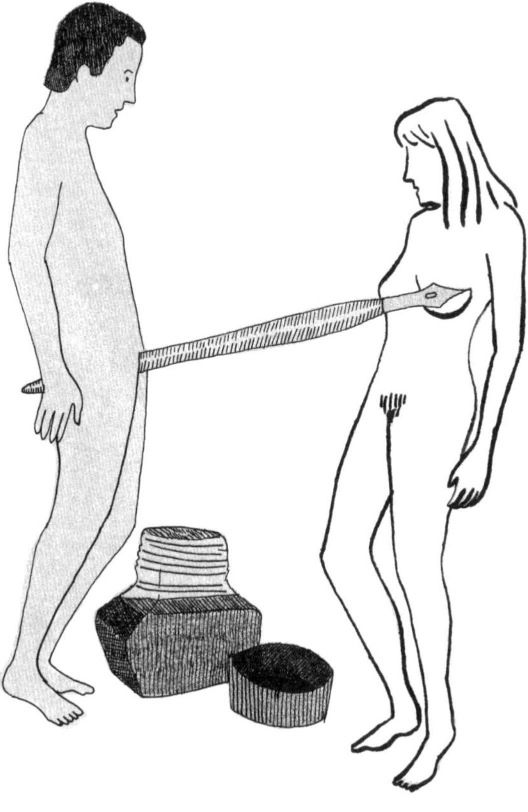

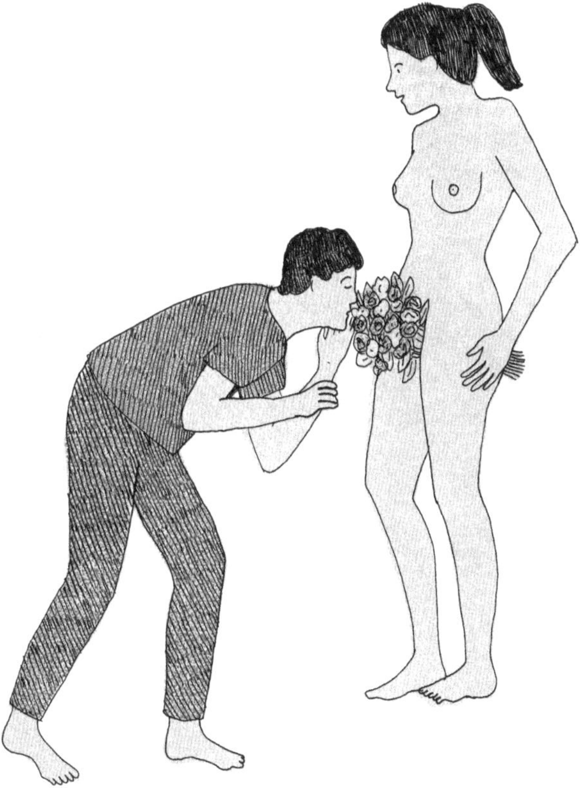

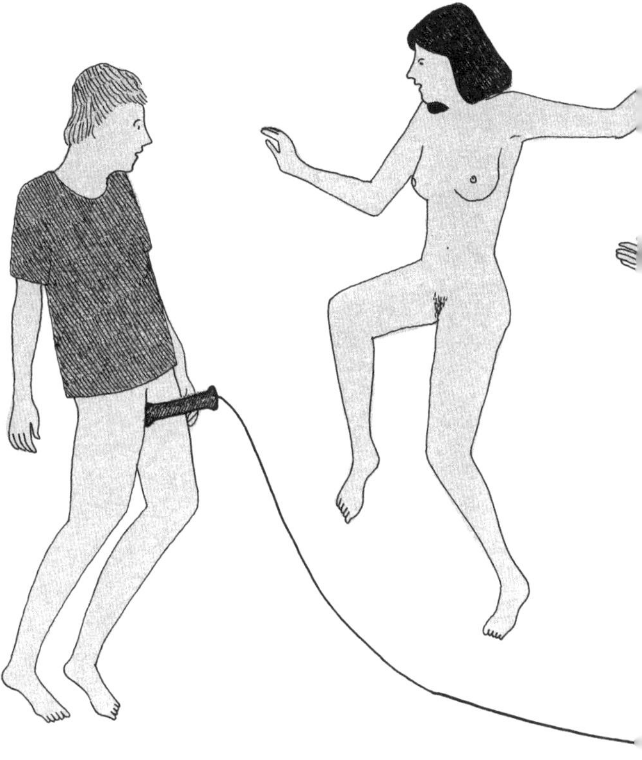

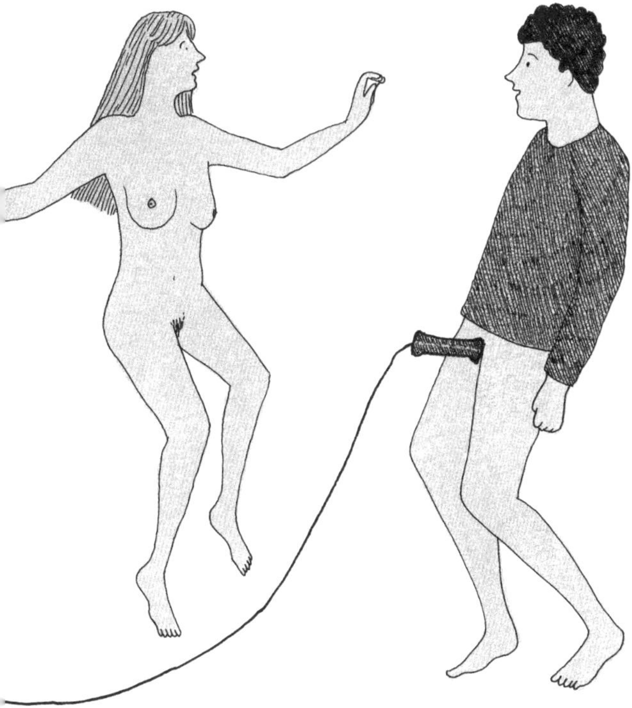

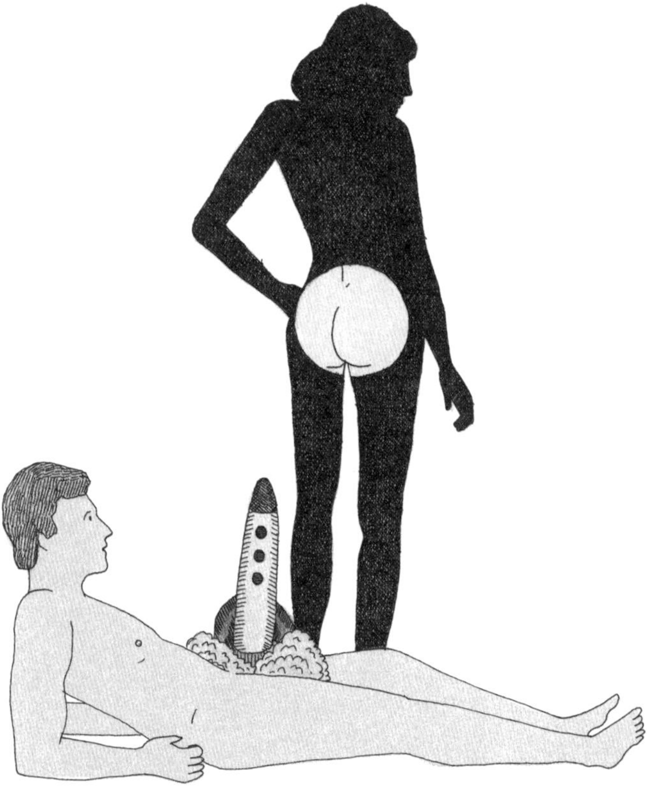

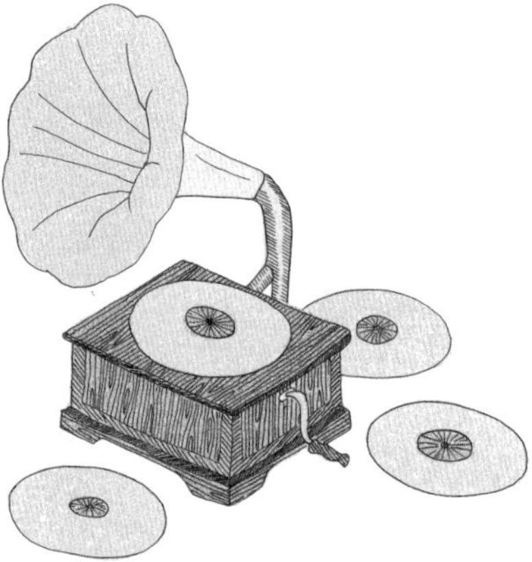

marion fayolle

1988년 5월 4일에 태어나 프랑스 아르데슈 주에서 자랐다.
2006년 스트라스부르에 있는 장식미술학교에 들어가
2011년 6월에 학위를 취득하고 일러스트레이터 작업실에서 일했다.
작업실 동료 마티아스 마링그레, 시몽 루생과 함께
만화 및 일러스트 잡지 『닉타로프Nyctalope』를 창간했다.
저서로는 『관계의 조각들』 『어떤 장난』 『그림』 『다정한 돌들』 등이 있다.
마리옹 파욜은 현재 프랑스에서 가장 주목받는 일러스트레이터 중 한 명으로
『21세기』 『뉴욕타임스』 『텔레라마』 『파리 옴므』 『프시콜로지』 『푸딩』 등
여러 언론 매체에 일러스트를 싣고 있으며,
2014년에는 프랑스 패션 브랜드 코텔락Cotélac과 협업하며 활발하게 활동하고 있다.